AF343279

12. janvier 1763.

ORDONNANCE
DU ROI,

Concernant son régiment d'Infanterie.

Du 12 Janvier 1763.

DE PAR LE ROI.

SA MAJESTÉ ayant réglé par son ordonnance du 10 décembre 1762, la composition des régimens de son Infanterie françoise, avec les réductions qu'Elle entend qui y soient faites: Et s'étant réservé d'y faire quelques exceptions en ce qui regarde son régiment d'Infanterie, ainsi qu'il s'est pratiqué dans les précédentes réformes, Elle a ordonné & ordonne ce qui suit:

ARTICLE PREMIER.

IL sera composé, comme le reste de l'Infanterie, de neuf compagnies par bataillon, dont une de Grenadiers & huit de Fusiliers.

II.

VEUT Sa Majesté qu'il soit établi dans chaque compagnie un Fourrier, dont les fonctions seront réglées ci-après.

A

I I I.

VEUT auſſi Sa Majeſté que le grade d'Anſpeſſade ſoit ſupprimé dans toutes les compagnies, & qu'il ſoit créé, pour en tenir lieu, des places d'Appointés, dont les fonctions ſeront auſſi réglées ci-après.

I V.

CHACUNE des compagnies de Grenadiers ſera, ſoit en temps de paix, ſoit en temps de guerre, commandée par un Capitaine, un Lieutenant & un Sous-lieutenant; & compoſée de deux Sergens, d'un Fourrier, de quatre Caporaux choiſis, de quatre Appointés, de quarante Grenadiers & d'un Tambour.

Les mêmes diviſions portées par l'article XII de l'ordonnance générale pour l'Infanterie, ſeront exactement obſervées; il en ſera de même pour l'article XIII de ladite ordonnance.

V.

CHACUNE des compagnies de Fuſiliers ſera, en tout temps, commandée par un Capitaine, un Lieutenant & un Sous-lieutenant, comme dans le reſte de l'Infanterie, & avec les mêmes appointemens. Il y aura de plus par compagnie, un Lieutenant en ſecond & un ſecond Sous-lieutenant, ſans appointemens, auxquels il ſera ſeulement donné le logement à la garniſon, & l'étape en route. Sa Majeſté connoiſſant le deſir qu'a la Nobleſſe de ſon royaume d'entrer dans ſon régiment d'Infanterie, & voulant lui en donner la facilité, confirme à cet égard les ordonnances qu'Elle a rendues pour le même objet, en date du 20 février 1749 & du 8 novembre 1750.

V I.

LESDITES compagnies, en temps de paix, ſeront également compoſées, comme le reſte de l'Infanterie, de quatre Sergens, d'un Fourrier, de huit Caporaux choiſis, de huit Appointés, de quarante Fuſiliers & de deux Tambours, avec les mêmes diviſions par eſcouades, qui ſont portées par l'article XIV de l'ordonnance générale, & en temps de guerre l'article XV ſera également obſervé.

V I I.

SA MAJESTÉ conſervera le ſecond Major qu'Elle a créé

3

par son ordonnance du 1.ᵉʳ juillet 1758; & son intention est qu'il ne fasse de service que dans le régiment, & dans la brigade en temps de guerre: Elle crée de plus un second Lieutenant-colonel, lequel aura une compagnie comme le Colonel-lieutenant & le Lieutenant-colonel; & Elle supprime quant-à-présent, comme dans les autres régimens de son Infanterie, les Commandans de bataillon, conformément à l'article XVI de son ordonnance générale: Conservant seulement le sieur de Casaux, qui l'est actuellement, mais pour n'être pas remplacé, en cas qu'il monte en grade, quitte ou meure; & comme il est plus ancien Colonel que le Major actuel, l'intention de Sa Majesté est qu'il commande son régiment, de préférence à lui, sans que cela puisse tirer à conséquence pour les autres Commandans de bataillon que Sa Majesté jugera à propos de créer à la première guerre, confirmant à cet égard ce qui est porté par l'article XXV de son ordonnance générale pour l'Infanterie.

V I I I.

SA MAJESTÉ ayant créé par son ordonnance du 20 juillet 1753, quatre Sous-aides-major dans son régiment, Elle les conserve, mais ils ne seront plus attachés à des Lieutenances, comme ils l'étoient par ladite ordonnance, & Elle confirme à cet égard l'article XVII de l'ordonnance générale; ils seront pris indifféremment dans les Lieutenans, Sous-lieutenans, Lieutenans en second & second Sous-lieutenans, & auront, du jour qu'ils le seront, rang de Lieutenans.

I X.

L'INTENTION de Sa Majesté étant que le Major ne soit pas distrait des fonctions principales de sa charge, qui consistent dans la police, la discipline, la tenue & les exercices, Elle a réglé qu'il seroit établi dans son régiment, comme dans le reste de l'Infanterie, un Trésorier, pour être particulièrement chargé de l'administration des deniers; il sera choisi par le Colonel-lieutenant, & breveté comme dans le reste de l'Infanterie.

X.

VEUT pareillement Sa Majesté qu'il soit créé dans son

régiment, un Quartier-maître, dont le grade & les fonctions seront réglées suivant l'article XXX de l'ordonnance générale pour l'Infanterie.

X I.

IL sera aussi créé dans son régiment un Tambour-major, dont le grade & les fonctions seront réglées suivant les articles XX & XXXVI de l'ordonnance générale.

X I I.

SA MAJESTÉ en supprimant, comme dans le reste de son Infanterie, les Enseignes qui existent par bataillon, conserve seulement celui de la Colonelle, & Elle crée également deux Portes-drapeaux par bataillon, lesquels seront toûjours tirés du corps des Sergens, auront rang de dernier Sous-lieutenant, & seront dans tous les temps tenus de porter les drapeaux à pied.

X I I I.

LA place de Maréchal-des-logis, le Prevôt, son Lieutenant, le Greffier, les Archers & l'Exécuteur seront supprimés & renvoyés.

X I V.

AU moyen de ce qui est prescrit par les articles VII, VIII, IX, X, XI, XII & XIII de la présente ordonnance, l'État-major du régiment sera composé d'un Colonel-lieutenant, d'un Lieutenant-colonel, d'un second Lieutenant-colonel, du sieur de Casaux, ainsi qu'il est porté par l'article VII; d'un Major, d'un second Major, d'un Aide-major & d'un Sous-aide-major par bataillon, d'un Quartier-maître, d'un Trésorier, d'un Tambour-major, d'un Aumônier & d'un Chirurgien.

X V.

SA MAJESTÉ se réserve la nomination des Lieutenans-colonels & des Majors; son intention étant à l'avenir de les choisir indistinctement parmi ceux des Capitaines de son régiment, ou de tous les autres régimens, qu'Elle jugera devoir mériter cet avancement: se réservant aussi Sa Majesté de choisir parmi les Capitaines de son régiment ceux qu'Elle jugera à propos de faire passer à des charges de Lieutenant-colonel ou de Major, dans d'autres régimens de l'Infanterie françoise.

X V I.

VEUT aussi Sa Majesté que le rang & l'autorité des Majors, leurs fonctions, celles des Aides-major & Sous-aides-major de son régiment, soient conformes à ce qui est porté par les articles XXV, XXVI, XXVII & XXVIII de son ordonnance concernant l'Infanterie françoise.

X V I I.

TOUT l'argent de la solde & de la Masse, ou de toute autre partie qui appartiendra au régiment, sera remis tous les mois au Trésorier, pour être renfermé dans une caisse dont il aura la régie, subordonnément aux Majors, & sous les ordres du Colonel-lieutenant.

Veut au surplus Sa Majesté qu'il soit usé, pour l'établissement de cette Caisse, de la même manière qu'Elle l'a réglé par les articles XXXIII & XXXIV de son ordonnance générale concernant l'Infanterie françoise.

X V I I I.

IL y aura toûjours dans la caisse du régiment, un état des fonds qui y seront mis, & un état de ceux qui en seront tirés, avec les causes de recette & de dépense; & ces états seront signés du Commandant du corps, du Major & du Trésorier; il en sera remis un double au Major, & il en sera envoyé un tous les mois au Colonel-lieutenant, lequel en rendra compte à Sa Majesté, & prendra ses ordres à cet égard.

X I X.

VEUT aussi Sa Majesté que les Sergens, Fourriers, Caporaux & Appointés soient choisis à l'avenir, ainsi qu'Elle l'a ordonné par les articles XXXVII, XXXVIII, XXXIX, XL & XLIV de son ordonnance générale concernant l'Infanterie françoise.

X X.

LES fonctions desdits Sergens, Fourriers, Caporaux &

Appointés, seront également réglées par les articles XLI, XLII, XLIII & XLIV de la même ordonnance.

X X I.

LE terme des engagemens sera fixé à l'avenir, à huit ans au lieu de six. Les Soldats qui deviendront Grenadiers, ou qui monteront aux hautes-payes, ne seront point tenus, comme par le passé, de servir trois ans au-delà du terme de leurs engagemens; & le congé absolu sera régulièrement donné chaque année aux Soldats dont l'engagement sera expiré.

X X I I.

LES articles XLVI, XLVII & XLVIII de l'ordonnance du 10 décembre dernier, concernant les congés absolus donnés aux quatre plus anciens Soldats dont les engagemens sont expirés, la récompense pour les Soldats qui auront contracté un second engagement, & pour ceux qui auront contracté un troisième engagement, seront exécutés dans tout leur contenu.

X X I I I.

L'ARRANGEMENT des Officiers, après le doublement des compagnies, se fera comme dans le reste de l'Infanterie; à l'exception que les Capitaines réformés resteront Capitaines en second dans les compagnies & y feront le service de Capitaines après les Capitaines en pied; ils auront les appointemens ci-après réglés : ces places de Capitaines en second s'éteindront à mesure que ces Officiers monteront aux compagnies, ou qu'ils quitteront.

X X I V.

SA MAJESTÉ ayant considéré que les Troupes sont obligées en temps de guerre de faire plus de dépense qu'en temps de paix, & voulant les mettre dans le cas de supporter ces dépenses, au moyen des appointemens & de la solde, Elle a résolu de leur régler une paye de paix & une paye de guerre; & en conséquence, Elle veut que les appointemens & la solde soient payés à son régiment d'Infanterie;

savoir, à chaque Capitaine de Grenadiers, à chaque Lieutenant, à chaque Sous-lieutenant, à chaque Sergent, à chaque Fourrier, à chaque Caporal, à chaque Appointé, à chaque Grenadier & à chaque Tambour, suivant qu'il a été réglé par l'ordonnance générale de l'Infanterie françoise du 10 décembre dernier; ainsi qu'à chaque Capitaine de Fusiliers, chaque Lieutenant, chaque Sous-lieutenant, chaque Sergent, chaque Fourrier, chaque Caporal, chaque Appointé, chaque Fusilier & chaque Tambour.

De plus, il sera payé sur le pied par jour,

S A V O I R :

	EN TEMPS DE PAIX.			EN TEMPS DE GUERRE.		
	Par jour.	Par mois.	Par an.	Par jour.	Par mois.	Par an.
A chaque Capitaine en second, trois livres un sol un denier un tiers en temps de paix, & cinq livres en temps de guerre....	$3^l\ 1^s\ 1^d\tfrac{1}{3}$	$91^l\ 13^s\ 4^d$	1100^l	$5^l\ »^s\ »^d$	$150^l\ »^s\ »^d$	1800^l
A l'Enseigne de la Colonelle, une livre treize sols quatre deniers en paix, & deux livres quinze sols six deniers deux tiers en guerre...	1. 13. 4	50. » »	600.	2. 15. 6⅔	83. 6. 8	1000.
ÉTAT-MAJOR.						
Au Colonel-lieutenant, huit livres six sols huit deniers en paix, & dix livres en guerre, indépendamment de ses appointemens de Capitaine, ci..........	8. 6. 8	250. » »	3000.	10. » »	300. » »	3600.
Au Lieutenant-colonel, indépendamment de ses appointemens de Capitaine, cinq livres onze sols un denier un tiers en paix, & huit livres six sols huit deniers en guerre................	5. 11. 1⅓	166. 13. 4	2000.	8. 6. 8	250. » »	3000.
Au second Lieutenant-colonel, indépendamment de ses appointemens de Capitaine, cinq livres en paix, & sept livres quinze sols six deniers deux tiers en guerre...	5. » »	150. » »	1800.	7. 15. 6⅔	233. 6. 8	2800.
Au sieur de Cafaux, Commandant de bataillon, six livres dix-huit sols dix deniers deux tiers en paix, & onze livres deux sols deux deniers deux tiers en guerre....	6. 18. 10⅔	208. 6. 8	2500.	11. 2. 2⅔	333. 6. 8	4000.

	EN TEMPS DE PAIX.			EN TEMPS DE GUERRE.		
	Par jour.	Par mois.	Par an.	Par jour.	Par mois.	Par an.
Au Major, huit livres six sols huit deniers en paix, & douze livres dix sols en guerre, ne touchant rien comme Major de brigade..........	8ˡ 6ˢ 8ᵈ	250ˡ »ˢ »ᵈ	3000ˡ	12ˡ 10ˢ »ᵈ	375ˡ »ˢ »ᵈ	4500ˡ
Au second Major, six livres en paix, & dix livres en guerre...	6. » »	180. » »	2160.	10. » »	300. » »	3600.
A chaque Aide-major avec commission de Capitaine, quatre livres trois sols quatre deniers en paix, & six livres treize sols quatre deniers en guerre..........	4. 3. 4	125. » »	1500.	6. 13. 4	200. » »	2400.
A chaque Aide-major sans commission de Capitaine, deux livres dix sols en paix, & cinq livres en guerre............	2. 10. »	75. » »	900.	5. » »	150. » »	1800.
A chaque Sous-aide-major, une livre treize sols quatre deniers en paix, & trois livres six sols huit deniers en guerre......	1. 13. 4	50. » »	600.	3. 6. 8	100. » »	1200.
Au Quartier-maître, une livre dix sols en paix, & deux livres quatre sols cinq deniers un tiers en guerre..........	1. 10. »	45. » »	540.	2. 4. 5⅓	66. 13. 4	800.
A chaque Porte-drapeaux, une livre cinq sols en paix, & une livre treize sols quatre deniers en guerre..........	1. 5. »	37. 10. »	450.	1. 13. 4	50. » »	600.
Au Trésorier, cinq livres onze sols un denier un tiers en paix, & huit livres six sols huit deniers en guerre..........	5. 11. 1⅓	166. 13. 4	2000.	8. 6. 8	250. » »	3000.
Au Tambour-major, quatorze sols en paix, & quatorze sols en guerre..........	» 14. »	21. » »	252.	» 14. »	21. » »	252.
A l'Aumônier, une livre sept sols neuf deniers un tiers en paix, & deux livres en guerre.......	1. 7. 9½	41. 13. 4	500.	2. » »	60. » »	720.
Au Chirurgien-major, une liv. sept sols neuf deniers un tiers en paix, & deux livres en guerre..	1. 7. 9½	41. 13. 4	500.	» 2. »	60. » »	720.
Aux Maîtres attachés au régiment..........	....	....	9000	....	....	9000.

Voulant Sa Majesté que la paye de guerre ne soit donnée à son régiment, que du jour de son arrivée à l'armée jusqu'à celui de son départ de l'armée pour rentrer dans le royaume :

9

& quand il demeurera en garnison dans le royaume pendant la guerre, il ne touche que la paye réglée pour le temps de paix.

X X V.

L'ARTICLE L de l'ordonnance générale, concernant le linge & la chaussure, aura également lieu dans le régiment, ainsi que les articles LIX & LX, en ce qui est relatif à l'entretien des compagnies & menues réparations, & à la haute-paye donnée aux Tambours pour l'entretien de leurs caisses.

X X V I.

LES Capitaines du régiment seront à l'avenir déchargés du soin de faire des recrues, hors le cas où ils s'absenteront par congé; l'intention de Sa Majesté étant de leur faire fournir toutes celles dont ils auront besoin, conformément à l'article LV de l'ordonnance générale pour l'Infanterie françoise.

X X V I I.

LES congés absolus seront accordés d'après les ordres que le Colonel-lieutenant aura pris à cet égard, de Sa Majesté, & seront ensuite expédiés selon la forme qui sera prescrite pour le reste de l'Infanterie.

X X V I I I.

SA MAJESTÉ fera fournir à l'avenir à son régiment, l'armement dont il pourra avoir besoin.

X X I X.

LES Masses seront les mêmes que dans le reste de l'Infanterie, suivant l'article LVIII de l'ordonnance générale; & Sa Majesté continuera d'ajoûter ce qui sera nécessaire pour la dépense totale de l'habillement de son régiment, d'après le compte que le Colonel-lieutenant lui en rendra: & Elle se réserve de donner des ordres ultérieurs pour régler l'uniforme de son régiment, en cas qu'Elle juge à propos d'y faire des changemens.

X X X.

SA MAJESTÉ veut bien conserver les pensions d'ancienneté

& les gratifications attachées aux charges qui exiſtent dans ſon régiment.

X X X I.

LES deux Lieutenans-colonels & le Major ayant le brevet de Colonel, du jour qu'ils ſont nommés à ces emplois, en feront le ſervice en temps de guerre, comme cela s'eſt pratiqué juſqu'à préſent pour le Lieutenant-colonel, les Commandans de bataillon & le Major; & à la prochaine guerre, les Commandans de bataillon que Sa Majeſté jugera à propos de nommer de nouveau, le feront également.

X X X I I.

VEUT au ſurplus Sa Majeſté que ſon régiment d'Infanterie ſoit aſſujéti à toutes les règles preſcrites par ſon ordonnance du 10 décembre de l'année dernière, concernant l'Infanterie françoiſe, en tout ce qui ne ſera pas contraire à la préſente.

MANDE & ordonne Sa Majeſté aux Gouverneurs & Lieutenans généraux dans ſes provinces, aux Gouverneurs & Commandans de ſes villes & places, au Colonel-lieutenant de ſon régiment, aux Intendans dans ſes provinces, aux Commiſſaires des guerres, & à tous autres ſes Officiers qu'il appartiendra, de tenir la main à l'exécution de la préſente ordonnance. FAIT à Verſailles le douze Janvier mil ſept cent ſoixante-trois. *Signé* LOUIS. *Et plus bas,* LE DUC DE CHOISEUL.

9 782329 214122